Savais-tu?

Les Acariens

Savais-tu?

Les Acariens

Alain M. Bergeron
Michel Quintin
Sampar

Illustrations de Sampar

ÉDITIONS
MICHEL
QUINTIN

Catalogage avant publication de Bibliothèque et Archives nationales du Québec et Bibliothèque et Archives Canada

Bergeron, Alain M.

   Les acariens

   (Savais-tu? ; 35)
   Pour enfants de 7 ans et plus.

   ISBN 978-2-89435-368-4

   1. Acariens - Ouvrages pour la jeunesse. 2. Acariens - Ouvrages illustrés - Ouvrages pour la jeunesse. I. Quintin, Michel, II. Sampar. III. Titre. IV. Collection: Bergeron, Alain M., Savais-tu? ; 35.

QL458.B47 2008   j595.4'2   C2007-942476-7

Révision linguistique : Sylvie Lallier, Éd. Michel Quintin
Infographie : Marie-Ève Boisvert, Éd. Michel Quintin

La publication de cet ouvrage a été réalisée grâce au soutien financier du Conseil des Arts du Canada et de la SODEC. De plus, les Éditions Michel Quintin bénéficient de l'aide financière du gouvernement du Canada par l'entremise du Programme d'aide au développement de l'industrie de l'édition (PADIÉ) pour leurs activités d'édition.

Gouvernement du Québec – Programme de crédit d'impôt pour l'édition de livres – Gestion SODEC

ISBN 978-2-89435-368-4

Dépôt légal - Bibliothèque et Archives nationales du Québec, 2008
Dépôt légal - Bibliothèque et Archives Canada, 2008

© Copyright 2008

Éditions Michel Quintin
C.P. 340, Waterloo (Québec)
Canada J0E 2N0
Tél.:   450 539-3774
Téléc.: 450 539-4905
www.editionsmichelquintin.ca

0 8 - M L - 2

Imprimé au Canada

Savais-tu que, survivants de la nuit des temps, les acariens existent depuis 400 millions d'années? Chose étonnante, leur morphologie est pratiquement restée la même depuis.

Savais-tu que les acariens appartiennent au même groupe que les araignées et les scorpions? Arthropodes à 8 pattes, ils font tous partie de la classe des arachnides.

Savais-tu qu'on retrouve des acariens un peu partout dans le monde, sauf dans les lieux qui se situent au-dessus de 1 500 mètres d'altitude?

Savais-tu qu'il existe environ 50 000 espèces d'acariens connues? La plupart d'entre elles sont minuscules et passent souvent inaperçues, elles mesurent moins de 1 millimètre.

Savais-tu que plusieurs espèces vivent librement dans le sol et dans l'eau, qu'elle soit douce ou salée? Il en existe aussi un très grand nombre qui parasitent les plantes et les animaux.

Savais-tu que beaucoup d'acariens se nourrissent d'aliments solides tels que bactéries, champignons, excréments et autres acariens? Certains, par contre, sont des suceurs de sang ou de sève de plante.

Savais-tu que plusieurs espèces d'acariens sont très utiles? Les acariens du sol, par exemple, jouent un rôle important en décomposant et en recyclant la matière organique.

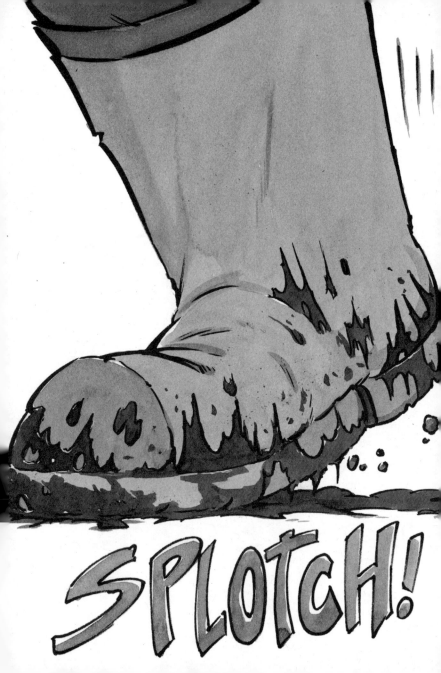

Savais-tu qu'on peut retrouver près de 4 000 acariens sous chacun de nos pas?

Savais-tu qu'il y a des acariens qui sont domestiqués par l'homme? On utilise en effet certaines espèces prédatrices pour en éliminer d'autres qui sont nuisibles à nos cultures.

Selon les cas, cela permet de réduire de 75 % l'emploi de pesticides.

Savais-tu que les tiques sont des acariens qui se nourrissent essentiellement du sang de leur hôte? Il n'est pas rare qu'elles transmettent ainsi des maladies aux humains et au bétail.

Savais-tu que les tiques sont les plus grands acariens? Une fois gorgées du sang de leur victime, elles peuvent mesurer jusqu'à 3 centimètres.

Savais-tu que le deuxième plus important fléau parasitaire au monde serait causé par des tiques? Les moustiques viendraient en première place.

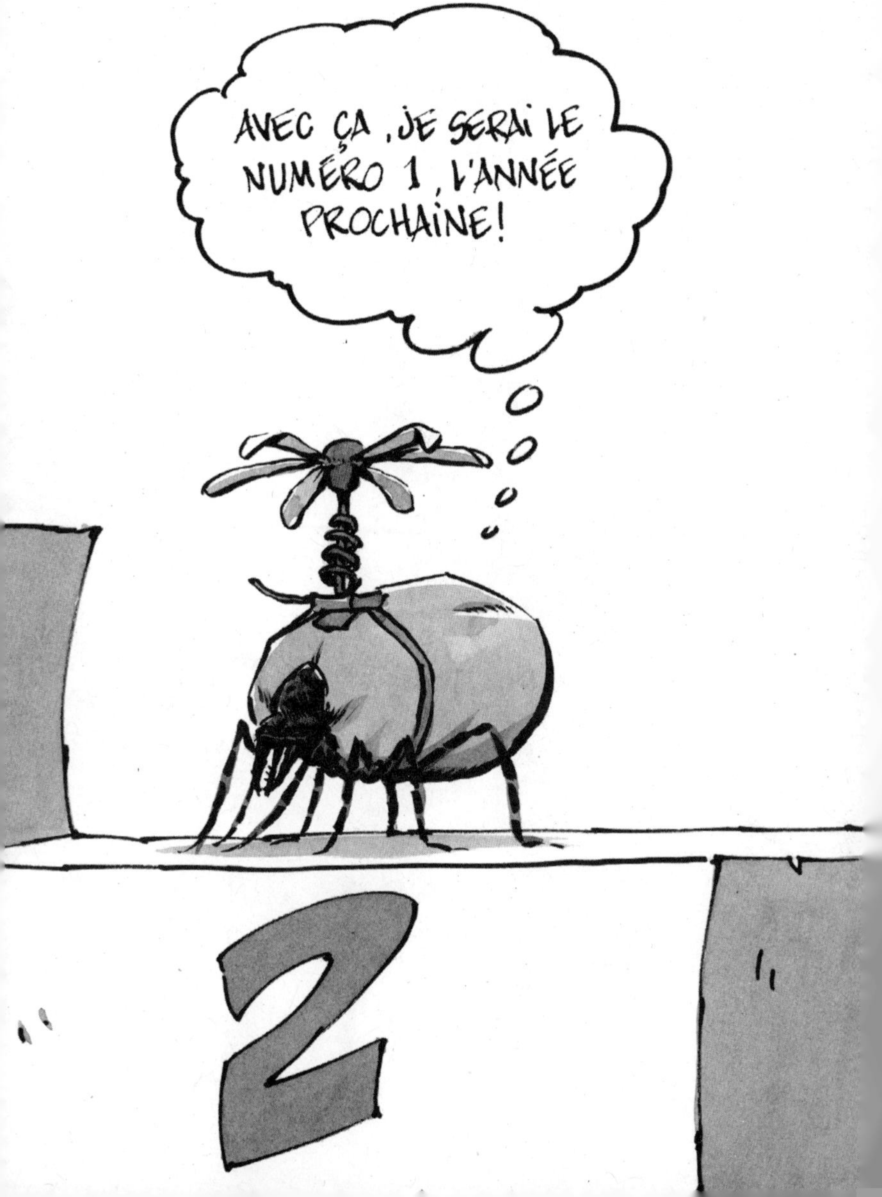
AVEC ÇA, JE SERAI LE NUMÉRO 1, L'ANNÉE PROCHAINE!
2

Savais-tu que le plus petit acarien connu parasite la trachée des abeilles? Il ne mesure que 100 microns, soit environ l'épaisseur d'un cheveu.

Savais-tu que certaines espèces d'acariens peuvent causer la gale en creusant des galeries dans l'épiderme des mammifères, y compris l'homme?

Savais-tu que plusieurs espèces s'attaquent à nos denrées alimentaires? Elles infestent, entre autres, nos céréales et les viandes salées ou fumées.

Savais-tu qu'il y a des fromagers qui saupoudrent des acariens sur différents fromages artisanaux pour en assurer l'affinage et leur donner du goût? Les amateurs consomment le fromage avec sa croûte... et ses acariens.

Savais-tu qu'environ une dizaine d'espèces d'acariens peuvent vivre dans nos habitations?

Savais-tu que ces derniers vivent, entre autres, dans la poussière, dans nos draps, nos oreillers, nos matelas, nos fauteuils, nos tapis, nos rideaux et dans nos animaux en peluche?

Savais-tu qu'un gramme de poussière peut contenir de 2 000 à 15 000 acariens, et qu'un mètre carré de tapis peut en contenir près de 100 000?

Savais-tu que les acariens qui vivent dans la poussière des maisons constituent le deuxième déclencheur d'allergie en importance? Les pollens viennent en première place.

Savais-tu que la plus forte concentration d'acariens qui vit dans nos maisons se retrouve dans les chambres à coucher? Ces acariens s'y nourrissent des débris de peau et de poils que nous perdons chaque jour.

Savais-tu qu'une personne adulte peut perdre jusqu'à
1 kilogramme de peau morte par année? Chaque jour,
c'est entre 0,5 et 3 grammes de peau morte que l'on perd.

Savais-tu que 1,5 gramme de peau morte nourrit un million d'acariens? Un matelas à lui seul peut contenir de 100 mille à 10 millions d'acariens.

Savais-tu que la majorité des allergies ne sont pas dues directement aux acariens, mais plutôt à leurs déjections? Très légères, leurs matières fécales flottent en permanence dans l'air.

Savais-tu que près de 80 % des personnes asthmatiques aux prises avec des problèmes d'allergie sont sensibles aux déjections d'acariens qu'ils aspirent durant leur sommeil?

Savais-tu qu'après 2 ans d'utilisation, 10 % du poids d'un oreiller est constitué d'excréments et d'acariens morts? Après 10 ans, c'est 70 % de son poids!

Savais-tu qu'il faut au maximum 3 mois pour qu'un matelas neuf soit infesté d'acariens?

Savais-tu que pour tuer les acariens, on conseille de mettre au congélateur les oreillers et les peluches pendant 24 heures? Idéalement, cette mesure devrait être appliquée une fois par 2 semaines.

Savais-tu que, sur une scène de meurtre, c'est en prélevant et en identifiant les acariens sur la peau de la victime que les enquêteurs peuvent remonter à l'heure du crime? Cela

parce que certaines espèces surnommées « les escouades de la mort » s'installent sur un cadavre en respectant une chronologie très précise.